DATE DUE

Descubramos
IRÁN

Kathleen Pohl

Consultora de lectura: Susan Nations, M.Ed.,
autora/consultora de alfabetización/consultora de desarrollo de la lectura

Gareth Stevens
Publishing

Please visit our Web site at www.garethstevens.com.
For a free color catalog describing Gareth Stevens Publishing's list of
high-quality books, call 1-800-542-2595 (USA) or 1-800-387-3178 (Canada).
Gareth Stevens Publishing's fax: 1-877-542-2596

Library of Congress Cataloging-in-Publication Data available upon request from publisher.

ISBN-10: 0-8368-8782-4   ISBN-13: 978-0-8368-8782-2 (lib. bdg.)
ISBN-10: 0-8368-8789-1   ISBN-13: 978-0-8368-8789-1 (softcover)

This edition first published in 2008 by
Gareth Stevens Publishing
A Weekly Reader® Company
1 Reader's Digest Road
Pleasantville, NY 10570-7000 USA

Copyright © 2008 by Gareth Stevens, Inc.

Senior Managing Editor: Lisa M. Guidone
Senior Editor: Barbara Bakowski
Creative Director: Lisa Donovan
Designer: Tammy West
Photo Researcher: Sylvia Ohlrich

Spanish edition produced by At Media, Inc.
Editorial Director: Julio Abreu
Chief Tranlator: Adriana Rosado-Bonewitz
Associate Editors: Janina Morgan, Rosario Ortiz, Bernardo Rivera, Carolyn Schildgren
Graphic Designer: Faith Weeks

Photo credits: (t=top, b=bottom, l=left, r=right, c=center)
Cover Franco Origlia/Getty Images; title page SuperStock; p. 4 Hermann Dornhege/
VISUM/The Image Works; p. 6. Vodjani/Ullstein/Peter Arnold; p. 7t Rob Howard/
Corbis; p. 7b Tor Eigeland/Alamy; p. 8 EmmePi Images/Alamy; p. 9t Morteza
Nikoubazl/Reuters/Landov; p. 9b M. Phillip Kahl/Photo Researchers; p. 10 Stefan
Noebel-Heise/Transit/Peter Arnold; p. 11t Silke Reents/VISUM/The Image Works;
p. 11b Mohammad Kheirkhah/UPI/Landov; p. 12l Raheb Homavandi/Reuters/Landov;
p. 12r Majid/Getty Images; p. 13 Earl Kowall/Corbis; p. 14 Caren Firouz/Reuters/Landov;
p. 15t Franco Pizzochero/Marka/Age Fotostock; p. 15b Michelle Falzone/Age Fotostock;
p. 16 Bernd Weissbrod/DPA/Landov; p. 17t Enric Marti/AP Images; p. 17b Vodjani/Ullstein/
Peter Arnold; p. 18 Patrick Snyder/Lonely Planet Images; p. 19t Sergio Pitamitz/Marka/
age fotostock; p. 19b SuperStock; p. 20t Gulfimages/Getty Images; p. 20b JTB Photo
Communications/Alamy; p. 21t TH Foto/StockFood; p. 21b Morteza Nikoubazl/Reuters/
Landov; p. 22 Dana Wilson/Peter Arnold; p. 23t Carl Purcell/Corbis; p. 23b SuperStock;
p. 24 Serge Sibert/Cosmos/Aurora Photos; p. 25t Xinhua/Landov; p. 25b Shehzad Noorani/
Majority World/The Image Works; p. 26 SuperStock; p. 27 SDBReligion/Alamy (2)

Printed in the United States of America

1 2 3 4 5 6 7 8 9 11 10 09 08

Contenido

Las palabras definidas en el glosario están impresas en **negritas** la primera vez que aparecen en el texto.

¿Dónde está Irán?

Irán está en el sudoeste de Asia, un área conocida como Medio Oriente. Irán comparte fronteras con siete países. Al oeste están Irak y Turquía. Al este están Pakistán y Afganistán. Al norte están Armenia, Azerbaiyán y Turkmenistán.
Irán tiene costas en el mar Caspio, el golfo Pérsico y el golfo de Omán.

¿Lo sabías?

Irán es uno de los países más antiguos del mundo. Se le conocía como **Persia**. Ha estado habitado durante casi 5,000 años.

Océano Atlántico

ASIA

EUROPA

IRÁN

ÁFRICA

Océano Índico

Irán es parte de un área conocida como Medio Oriente.

La torre Azadi es un símbolo de Irán. Algunos la llaman Torre de la Libertad. Está en la Plaza Azadi en Teherán, la capital.

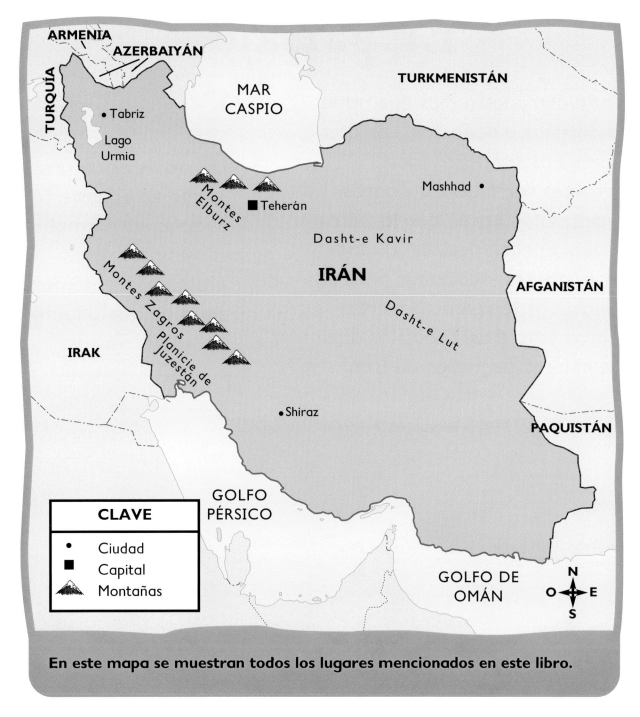

ARMENIA

AZERBAIYÁN

TURQUÍA

TURKMENISTÁN

MAR CASPIO

• Tabriz

Lago Urmia

Montes Elburz

■ Teherán

Mashhad •

Dasht-e Kavir

IRÁN

AFGANISTÁN

Dasht-e Lut

Montes Zagros

Planicie de Juzestán

IRAK

PAQUISTÁN

• Shiraz

GOLFO PÉRSICO

CLAVE

• Ciudad
■ Capital
▲ Montañas

GOLFO DE OMÁN

N
O · E
S

En este mapa se muestran todos los lugares mencionados en este libro.

Teherán es la capital de Irán. También es la ciudad más grande del país. Teherán tiene edificios nuevos de torres altas. También tiene construcciones muy antiguas y lugares de oración llamados **mezquitas**. En las calles de Teherán hay oficinas, escuelas, bancos y parques.

El paisaje

Irán está compuesto más que nada por montañas y desiertos. Las dos cordilleras montañosas más importantes son Elburz y Zagros. Los terremotos hacen que la tierra se mueva. Pueden destruir ciudades, dañar hogares y ocasionar pérdidas humanas. Los terremotos fuertes son raros pero ¡casi todos los días hay temblores pequeños en Irán!

¿Lo sabías?

Un **oasis** es un área verde en el desierto donde crecen el pasto y otras plantas. Ellas toman agua de manantiales subterráneos.

Los montes Elburz de cimas nevadas están en la parte norte de Irán.

Vientos fuertes mueven la arena caliente del desierto Dasht-e Lut.

Una **meseta**, o terreno plano, alto y seco forma el centro de Irán. Poca gente vive en esta área desértica enorme. El Dasht-e Kavir, o Gran desierto salado, tiene una corteza salada. Las dunas de arena forman el desierto Dasht-e Lut.

La mayoría de la gente vive en las tierras bajas del norte cerca del mar. La tierra y el clima ahí son buenos para la agricultura.

Los campos petroleros iraníes están en la planicie de Juzestán, en el golfo Pérsico.

Clima y estaciones

La mayor parte de Irán es muy seca. Tiene pocos lagos y ríos de agua potable. La mayoría se seca durante el verano cálido. Las lluvias más intensas ocurren en el norte cerca del mar Caspio. Las demás partes del país reciben muy poca lluvia. La estación más lluviosa es el invierno, de noviembre a marzo.

¿Lo sabías?

Desde la antigüedad, los habitantes han usado un sistema de suministro de agua llamado **qanat**. Recolecta el agua subterránea y la mueve por túneles a donde la gente la necesita.

Irán recibe poca lluvia. Los qanats ayudan al llevar el agua a donde se necesita.

La gente disfruta del esquí en los montes Elburz en invierno.

El lago Urmia es salado. Es uno de los pocos lagos de Irán que no se seca por el calor.

El verano es más fresco en las montañas. En el sur, a lo largo del golfo Pérsico, los veranos son cálidos y húmedos. Los vientos fuertes soplan aire caliente y seco del oeste por el centro de Irán en el verano.

El invierno en las montañas puede ser muy frío y traer mucha nieve y mucho hielo. La primavera y el otoño son templados en general.

Los iraníes

Cerca de 65 millones de personas viven en Irán. Casi todos son **musulmanes**, o sea que siguen la religión del **Islam**. El gobierno se basa en las reglas del Islam.

La ley del Islam dicta cómo vestirse y comportarse. Hombres y mujeres tienen que sentarse separados en el autobús o metro. Hacen filas separadas en las tiendas. Playas y lugares de esquí tienen áreas diferentes para hombres y mujeres. Muchas mujeres llevan en público un velo largo llamado **chador**.

En público, niñas y mujeres tienen que cubrirse el cabello y el cuerpo. Sólo pueden mostrar la cara, las manos y los dedos de los pies.

El mes sagrado de **Ramadán**, los musulmanes no comen ni beben de día.

Las mujeres pueden sentarse en los vagones del metro exclusivos para ellas.

Un grupo de musulmanes se reúne frente a la mezquita para orar.

Los musulmanes tienen que orar cinco veces al día. El viernes es el día sagrado islámico. Cierran oficinas y escuelas.

Escuela y familia

Los niños tienen que ir a la primaria por cinco años, desde los seis años de edad. Los niños van a una escuela distinta a la de las niñas. Estudian matemáticas, ciencias e Islam. Aprenden **persa**, el idioma de Irán. El año escolar va de septiembre a junio. Al terminar la primaria, todos presentan un examen. Quienes lo aprueban pueden asistir a la escuela intermedia de tres años.

Hay estudiantes que luego van a una escuela comercial de cuatro años o a una preparatoria académica. Quien desee ir a la universidad tiene que presentar un examen nacional. Hay más de 30 universidades públicas gratuitas donde se enseña medicina, enseñanza y otras carreras.

En Irán, los niños van a la primaria por cinco años.

Estudian el Corán, el libro sagrado del Islam.

Muchas familias iraníes son grandes. Los niños, padres y abuelos se reúnen a comer. La comida se sirve sobre un mantel extendido sobre una alfombra.

¿Lo sabías?

El libro más estudiado en la escuela es el **Corán**. Es el libro sagrado del Islam.

La mayoría de las familias son grandes. Los abuelos a menudo viven con sus hijos y nietos. El padre es el jefe de la familia. La madre normalmente cocina, limpia y cuida de los hijos. En el campo, las mujeres también ayudan en las labores agrícolas. En las ciudades algunas mujeres trabajan fuera del hogar.

Vida rural

Una de cada tres personas vive en el campo. La mayoría son granjeros. Algunos usan tractores modernos. Otros usan mulas. Se cultiva trigo, cebada, arroz y nueces. También cultivan higos, dátiles, melones, aceitunas y especias. Cerca del mar Caspio, muchas personas pescan.

Muchos granjeros cultivan frutas o nueces. Este hombre corta dátiles de una palma datilera.

Los pescadores atrapan peces grandes en sus redes en el mar Caspio. Venden los huevecillos llamados caviar.

Este pueblo es de los más antiguos de Irán. Es famoso por su tierra roja y edificios de arcilla.

Algunos pueblos de Irán no tienen luz. Tampoco tienen agua corriente. La gente se baña en baños públicos en la plaza del pueblo.

Algunas personas que viven en el campo son **nómadas**. Van de un lugar a otro para que sus cabras y ovejas **pasten**.

Vida urbana

La mayoría de la gente vive y trabaja en las ciudades. Unos 12 millones viven en Teherán. Más de la mitad nacieron en otros lugares. Las calles de Teherán están llenas de autos, autobuses y taxis. En Teherán está el aeropuerto principal de Irán.

Autos, autobuses y taxis llenan las calles concurridas de Teherán.

La gente compra en los bazares como éste en Teherán. Hay alimentos, alfombras hechas a mano y artesanías.

Mashhad es una ciudad grande y el principal centro comercial del este. Tabriz, en el noroeste, es famosa por su **bazar**. Es un mercado donde se compran alimentos y artículos. Los tejedores elaboran y venden alfombras finas en el bazar de Tabriz.

En muchas ciudades se mezcla lo antiguo con lo moderno. En las partes antiguas hay mezquitas y mercados. En las partes nuevas hay tiendas, edificios modernos de apartamentos y calles anchas.

Muchos visitan este jardín en la antigua ciudad de Shiraz.

Casas iraníes

La mayoría de las casas en el campo son cuadradas, hechas de ladrillos de lodo secados al sol. Sólo tienen una o dos habitaciones. Una puede usarse como dormitorio, comedor y sala. La mayoría de las casas no tiene ventanas y sus techos son planos. En los pueblos a la gente le gusta sentarse en los techos y platicar. En el centro de la mayoría de los pueblos hay una mezquita.

¿Lo sabías?

En la mayoría de las casas no hay mesas ni sillas. Se usan cojines en el piso al comer.

Este hombre hace ladrillos de lodo. Muchas casas están hechas de estos bloques secados al sol.

Estos nómadas han puesto su tienda al pie de los montes Zagros.

Mucha gente vive en edificios modernos en las ciudades grandes como Teherán.

Los nómadas viven en tiendas, que se llevan cuando viajan. Están hechas de pieles de animales o pelo de cabra.

En las ciudades, muchos viven en apartamentos modernos. La mayoría están hechos de ladrillos o cemento.

Comida iraní

La gente come pan con la mayoría de las comidas. Sirve arroz con verduras o lo cubre con salsa espesa. El **dolma** es un plato popular. Está hecho de verduras u hojas de parra rellenas de arroz y carne.

Los iraníes comen cordero, carne de res y pescado. No comen cerdo porque el Islam lo prohíbe. Frutas como melones y dátiles y nueces son de sus alimentos favoritos.

Los dolmas son hojas de parra rellenas de carne molida y arroz.

Los **kebabs** de cordero son populares en Irán. La carne se cocina con verduras en una varita.

¿Lo sabías?

En Irán la palabra para té es *chai*.

Este vendedor sirve té y bocadillos en un bazar de la ciudad.

A los adolescentes les gusta la comida rápida.

Mucha gente disfruta comer en restaurantes. Van a las casas de té y visitan a sus amigos. Una bebida hecha de yogurt, o leche agria, también es popular.

El trabajo

Hay personas que trabajan en bancos, escuelas y oficinas. Otras personas, como doctores, trabajan en hospitales.

En el golfo Pérsico mucha gente trabaja en la industria petrolera. Unos 100 pozos se perforan al año en Irán. El petróleo es uno de los productos principales que Irán vende a otros países. Otros son frutas, nueces, especias, caviar y alfombras.

Irán es famoso por su seda. Las orugas llamadas gusanos de seda hacen el hilo de seda. Los granjeros del noroeste de Irán crían estos gusanos por su seda.

¿Lo sabías?

Irán es famoso en todo el mundo por sus alfombras bellas.

Barcos enormes sacan el petróleo del golfo Pérsico.

Las alfombras hechas a mano se secan al sol.

Los trabajadores de Shiraz, en el sur de Irán, hacen recipientes y floreros finos de metal.

Las personas también trabajan en **fábricas**. Hacen ladrillos, cemento, telas y artículos de piel. En las costas, suben mercancías a los barcos que irán a otros países.

La diversión

Nowruz es la celebración de Año Nuevo. Comienza el primer día de primavera y dura 13 días. Se cierran comercios y escuelas. Las familias se visitan, comen dulces y nueces y dan regalos. El último día salen a comer. También disfrutan de la música y del baile.

¿Lo sabías?

El fútbol es muy popular. Los aficionados van al Estadio Azadi en Teherán para ver a la selección nacional.

Las familias guardan el Nowruz (Año Nuevo) con una comida campestre. Es de mala suerte no salir el último día de esta celebración de 13 días.

Jugar y ver deportes son actividades populares. Los deportes favoritos son fútbol, básquetbol, voleibol, luchas y polo. También les gusta caminar y esquiar en las montañas.

Mucha gente disfruta de escuchar la radio. También ven televisión y van al cine. El ajedrez es un juego popular que practican con amigos.

Un niño aficionado apoya al equipo.

Los niños disfrutan el columpio de su pueblo.

25

Irán: Datos

- Irán es una **república** islámica. El nombre oficial es República Islámica de Irán. La gobiernan líderes religiosos.

- Irán tiene un presidente, elegido por el pueblo.

- Irán está dividido en 30 regiones. Cada una tiene su capital y gobierno.

- Hombres y mujeres de 15 años en adelante pueden votar en las elecciones del país.

- El persa o farsi es el idioma de Irán.

La bandera tiene tres franjas: verde, blanca y roja. Las palabras árabes que significan "Dios es grande" están en las orillas de las franjas verde y roja. El emblema nacional está al centro de la franja blanca.

La unidad monetaria es el **rial**.

La gente en Irán ha tejido alfombras hermosas durante 2,500 años.

Glosario

bazar – mercado al aire libre donde se vende y compra comida y otros artículos

Camino de la Seda – antigua ruta comercial que cruzaba la tierra que ahora es Irán

chador – velo largo que cubre el cuerpo de las mujeres en Irán en público

Corán – el libro sagrado del Islam

dolma – plato de verduras u hojas de parra rellenas de arroz y carne

fábricas – edificios donde los trabajadores hacen artículos

Islam – la religión de los musulmanes

kebabs – cubos de carne cocinada con verduras en una varita

meseta – área de tierras altas y planas

mezquita – lugar de oración islámica

musulmanes – seguidores de Mahoma, fundador del Islam, y sus enseñanzas

nómadas – personas que no viven en un sólo lugar sino que viajan en busca de alimento o para que pasten sus animales

oasis – lugar verde en el desierto, alimentado por manantiales subterráneos, donde crecen plantas

pastar – llevar los animales a comer pasto en los campos

persa – idioma actual de Irán, también conocido como farsi

Persia – nombre antiguo de lo que hoy es Irán

qanat – sistema subterráneo de túneles para transportar agua

Ramadán – mes sagrado de ayuno guardado por los musulmanes, en el que no comen ni beben durante el día

república – tipo de gobierno en el que las decisiones las toman el pueblo y sus representantes

rial – unidad monetaria o moneda de Irán

Para más información

Enchanted Learning
www.enchantedlearning.com/geography/mideast

Encyclopedia FunTrivia
www.funtrivia.com/en/Geography/Iran-6494.html

Fact Monster: Kids from Iran
www.factmonster.com/ipka/A0932447.html
www.factmonster.com/ipka/A0107640.html

KidsKonnect: Iran Fast Facts
www.kidskonnect.com/Iran/IranHome.html

Nota del editor para educadores y padres: Nuestros editores han revisado meticulosamente estos sitios Web para asegurarse de que sean apropiados para niños. Sin embargo, muchos sitios Web cambian con frecuencia, y no podemos asegurar que el contenido futuro de los sitios seguirá satisfaciendo nuestros estándares altos de calidad y valor educativo. Se le advierte que se debe supervisar estrechamente a los niños siempre que tengan acceso al Internet.

Mi mapa de Irán

Fotocopia o calca el mapa de la página 31. Después escribe los nombres de los países, extensiones de agua, ciudades, regiones, montañas y desiertos que se listan a continuación. (Mira el mapa que aparece en la página 5 si necesitas ayuda.)

Después de escribir los nombres de todos los lugares, ¡colorea el mapa con crayones!

Países
Afganistán
Armenia
Azerbaiyán
Irak
Irán
Pakistán
Turkmenistán
Turquía

Extensiones de agua
golfo de Omán
golfo Pérsico
lago Urmia
mar Caspio

Ciudades
Mashhad
Shiraz
Tabriz
Teherán

Tierra, montañas y desiertos
Dasht-e Kavir
Dasht-e Lut
montes Elburz
montes Zagros
planicie de Juzestán

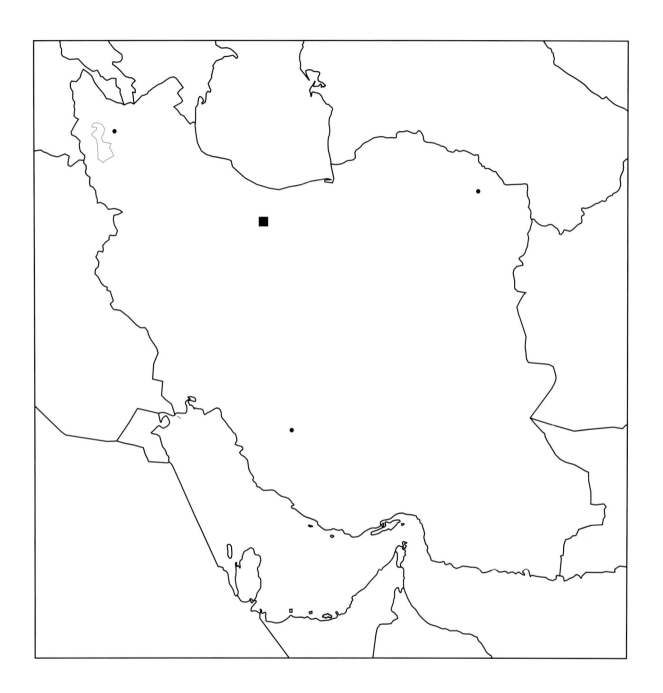

Índice